PAIDEIA
ÉDUCATION

SHAKESPEARE

Richard III

Analyse littéraire

© Paideia éducation.

22 rue Gabrielle Josserand - 93500 Pantin.

ISBN 978-2-7593-0371-7

Dépôt légal : Septembre 2023

Impression Books on Demand GmbH

In de Tarpen 42

22848 Norderstedt, Allemagne

SOMMAIRE

- Biographie de Shakespeare.. 9

- Présentation de *Richard III*.. 13

- Résumé de l'oeuvre... 17

- Les raisons du succès... 39

- Les thèmes principaux.. 49

- Étude du mouvement littéraire................................... 55

- Dans la même collection... 61

BIOGRAPHIE DE SHAKESPEARE

William Shakespeare est né en avril 1564 à Stratford-upon-Avon (la date précise de sa naissance n'est pas connue, seulement celle de son baptême, le 26 avril 1564), où il étudie jusqu'à ses treize ans. Son père, John Shakespeare, négociant dans la marchandise du cuir, connaît quelques difficultés et décide de retirer son fils de l'école afin qu'il l'aide dans ses affaires. Sa mère, Mary Arden, vient d'une riche famille anglaise catholique. William Shakespeare est le troisième enfant d'une fratrie de huit, dont seuls cinq survivront et deux deviendront acteur et écrivain : William et son frère Edmund. À 18 ans, William Shakespeare épouse Anne Hathaway, avec qui il aura trois enfants. C'est en 1587 qu'il s'installe à Londres et qu'il débute sa carrière de dramaturge et de comédien, au sein de la troupe de Lord Chamberlain. En un peu plus de vingt ans, il écrira quelque trente œuvres, en même temps qu'il apparaît sur scène, jouant ses propres pièces ou celles d'autres auteurs anglais.

Ses premières œuvres sont écrites lorsqu'il quitte Londres, qui subit une épidémie de peste (les théâtres sont alors obligés de fermer) en 1592. Il écrit d'abord *La Mégère apprivoisée*, une comédie (1592), *Vénus et Adonis*, poème érotique écrit en 1593, *Le Viol de Lutèce*, poème également, et *Henri VI* (1591-1595) pièce de théâtre historique. Ces trois œuvres lui ouvrent les portes du succès. Mais ce n'est qu'avec *Roméo et Juliette*, pièce de théâtre phare dans l'œuvre de Shakespeare, écrite vers 1595-1596, qu'il rencontre le succès et la renommée.

Les œuvres de Shakespeare se regroupent en trois catégories : il y a d'abord les tragédies, qui sont « riches et intenses », comme *Titus Andronicus*, *Hamlet* (vers 1600), *Othello* (vers 1604), *Macbeth* (1606) et *Le Roi Lear* (vers 1606-1606), *Antoine et Cléopâtre*, *Coriolan* (1608), *Timon d'Athènes*.

Ensuite les comédies, avec *La Mégère apprivoisée* (1592),

La Nuit des rois, Comme il vous plaira, Le Songe d'une nuit d'été (1595-1596), *Peines d'amour perdues, Le Marchand de Venise* (1597), *Beaucoup de bruit pour rien* (1598), *Les Joyeuses Commères de Windsor* (1597-1601), *La Comédie des erreurs, Les Deux gentilshommes de Vérone, Tout est bien qui finit bien, Mesure pour mesure, Les Deux Nobles Cousins.*

Enfin les drames historiques et romanesque mettant le plus souvent en scène des personnages historiques, comme *Henri VI*, en trois parties (1591-1595), *Richard III* (1594-1597), *Richard II, Henri IV* (en deux parties), *Le Roi Jean, Jules César, Henri V* (1599) et *Henri VIII*, pour les drames historiques, et *Périclès, Cymbeline, Le Conte d'hiver* et *La Tempête* (1611), pour les drames romanesques.

En 1609, Shakespeare change de registre et écrit des *Sonnets*.

La troupe de théâtre de Shakespeare devient célèbre à Londres dans les années 1590 et c'est sous le règne du roi Jacques Ier qu'elle devient la « troupe officielle de la Cour », en 1603, et qu'elle est autorisée à résider au Théâtre du Globe. Le succès de Shakespeare et de sa troupe est tel qu'ils ouvrent un second théâtre, le Blackfriars Theatre. Shakespeare devient connu également sous le nom « le Barde ». En 1611, le dramaturge se retire à Stratford et y meurt en 1616, alors âgé de 52 ans.

PRÉSENTATION DE RICHARD III

La pièce *Richard III* a été écrite autour de 1594-1597 et a été publiée en 1597 pour la première fois, au format in-quarto. En effet, dix ans après la mort de Shakespeare, deux comédiens décident de faire publier un recueil de plusieurs de ses œuvres (dont *Richard III* et une partie d'*Henri VI*). *Richard III* serait la continuité d'*Henri VI*, formant ainsi la première tétralogie de Shakespeare. En effet, ces deux pièces racontent l'histoire de l'Angleterre et de ses rois, de la mort d'Henri V (en 1422) à celle de Richard III à la bataille de Bosworth (en 1485), reprenant ainsi la guerre de Cent ans, opposant les Anglais aux Français, et la guerre des Deux Roses, opposant les familles Lancastre et York, dans Henri VI, se terminant sur les luttes au sein même de la famille d'York, dans *Richard III*.

Puis *Richard II*, *Henri IV* et *Henri V* forment la seconde tétralogie shakespearienne qui vient clore le chapitre des rois anglais, allant de Richard II, en 1398, jusqu'en 1420 avec la signature du Traité de Troyes.

L'histoire de Richard III débute *in medias res* alors que le roi Édouard IV, qui a tué le roi Henri VI, est à l'agonie. Il laisse derrière lui une fille et deux fils, qui sont ses héritiers directs et deux frères. La lutte pour le pouvoir commence donc, les aspirants au trône sentant la fin du roi proche. Richard, alors duc de Gloucester, entame une lutte sans merci pour atteindre l'ambition de sa vie : le pouvoir et être roi. Pour cela, il va accomplir des actes plus monstrueux les uns que les autres, n'hésitant pas à faire assassiner son frère, à épouser sa belle-sœur qu'il va ensuite, elle aussi, faire assassiner, ainsi que ses neveux, et les frères de la reine, ses ennemis. En bref, il n'hésite pas à évincer une grande partie de sa propre famille pour arriver à ses fins, semant la terreur et la mort sur son passage pour devenir Richard III. Cette quête du pouvoir va le mener jusqu'à la mort, se retrouvant face à Richmond, de la famille Lancastre, qui lui aussi prétend au trône d'Angleterre.

Cette quête appelle plusieurs thèmes principaux, notamment celui du *villain*, terme désignant le traître et le personnage mauvais dans les tragédies, représenté ici par Richard III, le thème de la monstruosité et de la vengeance, mais aussi le thème de l'ambiguïté, tout cela créant une réflexion sur le bien et le mal, sur la métaphysique et le divin.

RÉSUMÉ DE L'ŒUVRE

Acte I

Scène I

Richard, duc de Gloucester, ouvre la pièce sur un monologue de désespoir quant à sa vie et à son apparence physique monstrueuse, ce qui a attisé sa soif de vengeance et sa haine mais aussi sa soif de pouvoir et son ambition de devenir un jour roi en complotant contre ses frères, Édouard et Clarence, en les dressant l'un contre l'autre pour se débarrasser des deux. Il évoque dans le même temps une ancienne prophétie annonçant qu'un homme dont le nom commence par la lettre G assassinera le roi.

Clarence et Brakenbury arrivent, accompagnés de gardes. Richard est étonné du nombre de gardes et Clarence lui explique que c'est la volonté du roi pour le surveiller car son prénom commence par un G. Richard lui dit que c'est la femme du roi, Lady Grey Élisabeth, qui lui monte la tête avec ces histoires. Brakenbury les coupe et leur annonce que le roi a interdit les entretiens particuliers avec Clarence. Richard l'invite donc à participer à leur conversation, ironisant en faisant l'éloge du roi et de la reine devant lui. Mais Brakenbury coupe court. Celui-ci et ses gardes escortent Clarence vers la sortie. Richard, en aparté, annonce que Clarence ne reviendra plus. Lord Hastings entre et annonce qu'il a été libéré (on apprend alors qu'il était emprisonné avec Clarence). Il annonce également à Richard que le roi Édouard est souffrant, puis il le quitte. Mais cette nouvelle n'enchante pas Richard comme on aurait pu le croire, il faut d'abord que le roi fasse exécuter Clarence avant de mourir à son tour pour que son plan fonctionne. Il part donc voir le roi pour le dresser davantage contre Clarence et pour attiser sa haine. Il annonce avant de partir que son but est ensuite d'épouser la veuve Warwick

Anne, dont il a tué le père et le mari.

Scène II

La dépouille d'Henri VI arrive, entourée d'hommes armés et de lady Anne, accompagnée d'autres. Lady Anne fait l'éloge funèbre de son mari et réclame vengeance au milieu de ses lamentations, suivant le cortège funèbre. Richard arrive à ce moment et stoppe le cortège, faisant entrer Anne en fureur. Celle-ci lui annonce qu'elle sait que c'est lui le meurtrier de son mari et d'Henri VI. Richard garde son calme et tente de la séduire, usant pour cela de toute l'intelligence et de toute la rhétorique dont il est capable pour répondre aux accusations d'Anne et à sa colère. Il lui annonce qu'il la veut dans son lit et qu'il veut faire d'elle sa femme, que c'est pour cela qu'il a tué son mari, à cause de la passion qui le consumait. Mais Anne n'en croit pas un mot. Il se prosterne et lui tend même son épée pour qu'elle lui transperce le cœur, mais Anne refuse d'être son « bourreau » et finit par se laisser convaincre de l'amour de Richard pour elle et par son repentir. Sur cette décision, elle sort. Richard, seul, nous apprend que tout ce qu'il a dit à Anne n'est que mensonge, il fait son propre éloge, sur sa malignité et son habilité à séduire les femmes par ses paroles mais, croit-il aussi, par son physique. Il est décidé à s'acheter un miroir.

Scène III

La reine Élisabeth, Lord Rivers, Lord Grey et le marquis de Dorset (ses frères) entrent sur scène. Rivers et Grey tentent de réconforter la reine sur l'état de santé du roi et de garder espoir pour l'aider à se rétablir. La reine s'inquiète de son sort, si le roi venait à périr. Grey lui rappelle que son fils est l'héritier du trône et qu'elle n'a rien à craindre. Mais la reine lui répond que son fils n'est pas encore majeur et que son Protecteur, à savoir son tuteur, sera Richard, ce qui l'inquiète d'autant plus. Buckingham et Stanley (comte de Derby) font leur entrée à leurs côtés. Ils lui annoncent qu'ils ont rendu visite au roi et qu'il y a de bonnes chances pour qu'il se rétablisse et qu'il peut de nouveau parler. Il veut d'ailleurs réconcilier ses frères et Hastings, et les a fait appeler. Richard et Hastings arrivent. Richard est furieux en apprenant la nouvelle et crie à la calomnie. Il accuse Grey de comploter contre lui. La reine tente de le raisonner en lui expliquant que c'est le roi lui-même qui veut calmer la situation et réconcilier tout le monde. On découvre alors des tensions entre la reine et Richard. Ce dernier accuse d'ailleurs la reine de manipuler le roi et d'anoblir à tour de bras ses frères. Il l'accuse également d'avoir fait emprisonner Hastings et d'avoir le pouvoir de faire ce qui lui plaît. La reine est choquée par ses paroles. Rivers tente de la défendre. La reine ne peut en supporter davantage et annonce qu'elle va se plaindre au roi.

La reine Margaret fait son apparition. La reine Élisabeth annonce qu'elle préfère être « fille de ferme » plutôt que reine si c'est pour être traitée ainsi. Richard se fiche de ce que la reine dira au roi. Margaret commente la scène à part, jalousant la place d'Élisabeth (place qu'elle lui a prise) et maudissant Richard, l'assassin de son époux Henri et de son fils Édouard. Richard rappelle les événements passés, avant qu'Élisabeth ne devienne reine et anoblisse Rivers. Celui-ci rétorque qu'il suivra le roi, quel qu'il soit. Richard fait semblant de rire à cette idée. Margaret intervient alors, les injuriant et les maudissant tous, d'avoir tué son fils et son époux, de l'avoir bannie, de lui avoir pris sa place. Mais Richard rétorque que c'est Dieu qui l'a punie pour avoir égorgé le jeune Rutland, pendant les incessantes querelles familiales. Elle les maudit mais

Richard tente de retourner la malédiction contre elle. Margaret prévient Élisabeth qu'elle regrettera amèrement d'avoir pris le parti de Richard et elle les met en garde contre l'avenir funeste qui les attend tous. Elle sort, et les nobles restent tremblants face à ses malédictions. Catesby entre et annonce que le roi demande à voir la reine, Richard et les autres. Tous suivent la reine qui sort, sauf Richard.

Resté seul, celui-ci déclame la vérité sur ses trahisons, ses complots, ses mensonges et ses manipulations. Deux meurtriers le rejoignent, venant chercher un laisser-passer pour accomplir leur mission : entrer dans la tour où Clarence demeure prisonnier et l'assassiner.

Scène IV

Clarence et un gardien apparaissent. Clarence a passé une mauvaise nuit, il a fait des cauchemars où il mourait noyé et où il se retrouvait en Enfer, tourmenté par les âmes de ceux qu'il a assassinés pour son frère Édouard. Brakenbury arrive sur ces entrefaites, suivi de près par les deux meurtriers qui montrent leur laisser-passer. Brakenbury leur laisse Clarence et va annoncer au roi qu'il a bel et bien obéi aux ordres. Les deux meurtriers se retrouvent seuls avec Clarence et l'un d'eux est pris de remords, sa conscience le taraudant. Clarence, qui comprend ce qui se passe, tente de les raisonner. Malgré les remords, les meurtriers accomplissent leur mission et tuent le frère de Richard en le poignardant à mort. L'un des assassins, horrifié de son geste, refuse de suivre son compagnon pour retrouver Richard et aller chercher la récompense.

Acte II

Scène I

Le roi Édouard, souffrant, est entouré de la reine, de Dorset, de Rivers, de Hastings, de Buckingham et de Grey. Le roi tente de réconcilier tout le monde avant sa mort. Hastings et Rivers font la paix devant lui. Dosert, la reine et Buckinghma s'embrassent également en signe de réconciliation. Ratcliff et Richard arrivent alors. Le roi leur demande la même chose et Richard s'exécute. La reine demande à ce qu'on libère Clarence et Richard annonce qu'il est mort. Tous sont étonnés, le roi ayant donné un contre-ordre, qui n'est en réalité jamais arrivé d'après Richard. Stanley entre à son tour. Le roi se rappelle tout ce que Clarence a fait pour lui et se repent de sa mort, désespéré, puis regagne sa chambre.

Scène II

La vieille duchesse d'York, mère de Clarence, d'Édouard et de Richard, et les deux enfants de Clarence entrent. Les enfants veulent savoir la vérité sur leur père et prient leur grand-mère de la leur apprendre, alors que cette dernière est frappée par le chagrin. Les enfants veulent venger leur père, sachant que c'est le roi qui l'a tué car Richard le leur a dit. La duchesse est encore plus désespérée en apprenant la perfidie de son fils Richard. La reine Élisabeth arrive avec Rivers et Dorset, les cheveux en bataille, et annonce que le roi est mort. Elle est folle de chagrin. Les enfants refusent de pleurer le roi, l'assassin de leur père. La duchesse est effondrée par la mort subite de ses deux fils. Tous se lamentent de leur perte.

Dorset et Rivers demandent à la duchesse de cesser de pleurer et de se tourner vers le fils héritier pour le faire couronner. Richard, Buckingham, Stanley, Hastings et Ratcliff les rejoignent. Richard demande la bénédiction de sa mère. Buckingham demande à ce qu'on aille chercher le jeune prince avec une escorte pour le conduire à Londres, pour le couronnement. Richard propose qu'ils choisissent ensemble les membres de l'escorte, pour plus de sûreté. Ils sortent, sauf Richard et Buckingham qui restent seuls pour comploter.

Scène III

Deux citoyens se retrouvent. La nouvelle de la mort du roi leur est parvenue. Un troisième citoyen les rejoint. Ils craignent les troubles et les changements qui vont survenir. C'est le jeune prince qui va gouverner avant sa majorité sous la protection d'un « conseil ». Mais cela ne présage rien de bon d'après eux, car la situation est différente de celle où se trouvait Henri VI quand il a été couronné, alors à peine âgé de 9 mois. Le pays était riche et entre de bonnes mains. Ce n'est plus le cas et les rivalités entre Richard et les frères de la reine sont connues de tous. Ils s'en vont au tribunal où ils ont été tous les trois appelés.

Scène IV

L'archevêque d'York apparaît avec le jeune duc d'York, la reine et la duchesse d'York. Ils attendent le jeune prince héritier avec impatience et suivent son itinéraire. Le duc d'York se désole de grandir trop vite et d'être plus grand que le prince, qui est son aîné, car Richard lui a dit que les mauvaises herbes poussaient plus vite que les bonnes... Un messager arrive et leur annonce que Richard et Buckingham ont fait mettre Rivers, Grey et Sir Thomas Vaughan en prison.

Personne ne sait pourquoi. Élisabeth s'effondre face à la perte de ses frères et de sa maison. La duchesse est désespérée de voir sa famille se déchirer ainsi. Élisabeth et son fils partent se réfugier dans un sanctuaire avec l'archevêque.

Acte III

Scène I

Le jeune prince Édouard, Richard, Buckingham, Bourchier, Catesby et d'autres font leur entrée au son des trompettes. Ils souhaitent la bienvenue à Londres au prince. Celui-ci est désolé d'apprendre l'emprisonnement de ses oncles mais Richard lui rappelle que c'est pour sa sécurité. Le lord-maire et sa suite les rejoignent pour bénir et accueillir le prince. Ce dernier est étonné de ne pas voir sa mère ni son frère. Hastings arrive à son tour. Il annonce que sa mère et son frère se sont réfugiés dans un sanctuaire et qu'Élisabeth interdit au duc d'York d'en sortir. Buckingham ordonne qu'on aille chercher York de force en montrant qu'ils ne violeront pas le sanctuaire puisque le droit d'asile ne vaut pas pour les enfants ! Le cardinal et Hastings approuvent cette idée et partent le chercher. Richard annonce au prince que c'est à lui de choisir le lieu de son propre couronnement ; en attendant, il devra se reposer deux jours dans la Tour bâtie par Jules César. Le jeune prince se montre très curieux et très sage pour son âge.

Le duc d'York, Hastings et le cardinal sont de retour. York se rend compte que son frère a grandi plus que lui et en est soulagé. Richard, York et le prince se moquent les uns des autres et se montrent taquins. Richard annonce ensuite qu'il va aller lui-même chercher leur mère avec Buckingham pendant que les deux jeunes princes resteront dans la Tour. Mais c'est là-même où leur oncle Clarence est mort et York n'est pas tranquille à cette idée. Ils partent tout de même pour la Tour. Richard, Buckingham et Catesby restent seuls et complotent tous les trois. Catesby doit sonder Hastings pour voir s'il veut se joindre à eux. Il part accomplir sa mission. Richard annonce que si Hastings refuse, alors il le fera exécuter…

Scène II

Un messager arrive chez Hastings de la part de Stanley, au beau milieu de la nuit. Il le prévient qu'un danger les menace et qu'ils devraient fuir avant qu'il ne soit trop tard. Mais Hastings lui répond qu'il a seulement fait un mauvais rêve et qu'ils ne craignent rien des conseils politiques qui se préparent, car il a des amis qui le tiennent informé. Catesby arrive, tandis que le messager repart avec la réponse d'Hastings. Il lui annonce que Richard veut la couronne et que la famille de la reine devrait mourir dans la journée du lendemain. Hastings est heureux de cette dernière nouvelle mais il ne peut accepter que Richard vole la couronne aux héritiers légitimes. Catesby le prévient qu'il devrait plutôt se mettre du côté de Richard… Stanley et Derby entrent. Stanley n'est toujours pas rassuré, malgré l'optimisme de Hastings. Un poursuivant d'armes les rejoint et Hastings reste seul avec lui. Il est content du travail qu'il lui a confié, à savoir faire arrêter ses ennemis, la famille de la reine, et lui donne une bourse en échange. Un prêtre entre alors, suivi de près par Buckingham. Après quelques messes-basses entre Hastings et le prêtre, ce dernier se retire. Buckingham lui annonce qu'il se retirera du conseil et de la Tour avant Hastings, qui doit rester dîner. Buckingham annonce à part qu'il va en réalité y rester beaucoup plus longtemps…

Scène III

Sir Richard Ratcliff, avec des hallebardiers, escorte les parents de la reine jusqu'à leur lieu d'exécution. Ces derniers menacent Ratcliff de ce qu'il encourt en les assassinant. Ils se lamentent, le maudissent et rappellent la malédiction de la reine Margaret, qui devrait aussi toucher Hastings, Richard et Buckingham !

Scène IV

Le conseil de la Tour commence avec Buckingham, Stanley, Hastings, Ratcliff et d'autres hommes. Ils doivent se mettre d'accord pour le couronnement. Il ne reste plus qu'à fixer la date de la cérémonie. L'évêque Ély propose le lendemain, mais Buckingham insiste pour avoir l'opinion de Richard et il se tourne vers Hastings, qui est censé être celui qui lui est le plus proche. Hastings répond qu'il ne connaît pas son opinion mais propose quand même de voter pour lui. Richard arrive sur ces paroles. Il se fait mielleux et complimente les uns et les autres. L'évêque sort. Richard dit à Buckingham que Catesby lui a rapporté que Hastings n'était pas favorable à son couronnement, mais qu'il restait fidèle aux héritiers. Ils sortent tous les deux. L'évêque revient et Hastings lui dit que Richard a l'air de joyeuse humeur et qu'il n'y a pas lieu de s'inquiéter. Richard et Buckingham reviennent et Richard demande au conseil quel sort mérite ceux qui complotent contre lui. Sans hésiter, Hastings répond : la mort. Richard annonce que c'est la veuve d'Édouard qui a paralysé son bras, avec la reine Margaret, et que Hastings étant son protecteur, c'est un traître. Il le fait condamner à mort et demande à ce qu'on lui tranche la tête. Il demande à Lovell et à Ratcliff de s'en charger. Hastings demande pitié et lance une malédiction contre ceux qui sont des traîtres à l'Angleterre.

Scène V

Richard et Buckingham font leur apparition en armure, dans un piteux état moral et physique. Catesby les suit, avec le lord-maire. Richard demande à Catesby de faire surveiller le pont-levis et les remparts. Ce dernier sort accomplir sa mission. Lovell et Ratcliff reviennent avec la tête de Hastings. Richard se désole de sa trahison et lui fait un court éloge. Buckingham dit au maire que Hastings complotait pour les assassiner lui et Richard. Le maire s'étonne, mais devant la colère de Richard, il s'empresse de lui donner raison. Buckingham dit au maire qu'ils voulaient l'attendre avant de le faire exécuter, mais que Ratcliff et Lovelle étaient impatients de lui trancher la tête. Le maire le rassure et leur dit qu'il l'annoncera lui-même aux citoyens et leur dira que justice a été rendue, puis il les laisse. Richard dit à Buckingham de le suivre et de lui dire des horreurs sur le défunt Édouard, sur ses enfants, afin que le maire trouve juste que la couronne revienne à Richard. Le complot se resserre. Richard envoie ensuite Lovell chercher le docteur Shaa et Ratcliff le frère Penker. Puis il annonce qu'il va « soustraire aux regards » les deux jeunes princes…

Scène VI

Un greffier arrive avec un papier à la main. Il annonce que c'est l'acte d'accusation de Hastings, qu'il a mis onze heures à recopier, alors qu'entre le moment de l'accusation et celui de la mise à mort, à peine cinq heures se sont écoulées… Il voit la fraude, le complot, la corruption et le mensonge, mais que ceux qui veulent rester libres et en vie doivent fermer les yeux…

Scène VII

Richard et Buckingham se rejoignent. Ce dernier lui annonce qu'il a déshonoré Édouard et sa descendance devant le maire et les citoyens, puis qu'il a fait son éloge. Il a ensuite demandé aux citoyens de crier « vive le roi ! », mais ils sont tous restés muets. Même après que le greffier a répété les mêmes paroles, seules quelques personnes ont répondu... Le peuple est muet et ne sait que penser. Buckingham conseille à Richard de se montrer humble et ainsi qu'un homme très pieux, un livre de prières à la main et entouré de prêtres devant le maire et les citoyens, qui ne vont pas tarder à arriver. Richard sort se préparer, tandis que Buckingham retourne auprès du maire.

Catesby arrive auprès du maire et des citoyens pour leur annoncer que Richard ne les recevra que le lendemain ou le surlendemain car il est occupé à méditer et à prier avec des prêtres. Mais Buckingham insiste pour qu'il les reçoive immédiatement. Catesby s'empresse d'aller chercher Richard tandis que Buckingham fait son éloge, comparant le pieux Richard à l'infâme Édouard. Catesby revient, annonçant la crainte de Richard face à cette foule dont il sent qu'elle ne lui veut rien de bon. Buckingham le rassure et Catesby sort rechercher Richard. Ce dernier, deux évêques et Catesby se montrent enfin. Le maire est subjugué de voir un tel homme si pieux. Buckingham lui annonce que les citoyens, le maire et lui-même lui reprochent d'abandonner la couronne à une lignée impie pour méditer et prier. Et qu'il doit cesser ses méditations pour porter le fardeau de la couronne. Mais Richard répond par la négative. Buckingham renchérit en faisant l'éloge de Richard de nouveau et de sa grandeur d'âme et annonce que le fils d'Édouard, le soi-disant héritier, n'est qu'un bâtard. Richard lui répond une nouvelle fois par la négative en le suppliant d'arrêter. Mais Buckingham continue, puis face au refus de Richard, il décide de sortir avec à sa suite le maire et les citoyens.

Catesby supplie alors Richard d'accepter cette noble requête, pour le bien de l'Angleterre. Celui-ci lui demande de les rappeler. Devant le maire, les citoyens, Catesby et Buckingham, Richard accepte de devenir le roi d'Angleterre. Le maire est ravi et lui dit qu'il l'annoncera lui-même à tous. Buckingham le salue de son nouveau titre et les citoyens répondent par un « amen » collectif. Buckingham demande ensuite si le lendemain convient pour le couronnement, et Richard lui répond humblement que c'est comme ils le désirent. Puis il retourne méditer avec ses évêques.

Acte IV

Scène I

La reine Élisabeth, la duchesse d'York, le marquis de Dorset, Anne et la fille de Clarence font leur entrée. Anne annonce à Élisabeth qu'elle vient de rendre visite aux princes dans la Tour pour les féliciter. Brakenbury arrive et leur annonce que le roi a interdit toute visite aux princes désormais. Élisabeth se demande de quel roi il s'agit, étonnée. Il se reprend en disant « le Protecteur ». Élisabeth s'insurge contre cet interdit qui prive une mère de voir ses enfants et une grand-mère de voir ses petits-enfants, ainsi qu'une tante de voir ses neveux. Il sort en leur en interdisant l'accès. Stanley arrive et annonce à Anne qu'elle doit l'accompagner sur le champ à Westminster pour épouser le roi Richard et être intronisée reine.

Élisabeth est choquée de cette nouvelle, de même qu'Anne. Dorset leur demande de rester courageuses. Élisabeth lui demande de fuir. Stanley lui conseille de suivre les conseils de sa mère et de fuir. La duchesse d'York se lamente d'avoir engendré un tel fils. Anne se désole de devoir obéir : dans la malédiction qu'elle lui avait jetée, elle avait demandé à ce que son épouse soit malheureuse. Sa malédiction se retourne contre elle. Ils se disent tous adieu. La duchesse leur souhaite protection et elle se voue elle-même à la mort. Élisabeth dit adieu à ses enfants en pensée, en se tournant vers la Tour. Puis ils sortent tous.

Scène II

Richard, couronné sous le nom de Richard III, Buckingham, Catesby, Ratcliff, Lovelle et d'autres, suivis d'un page, entrent au son des trompettes. Richard prend la main de Buckingham pour qu'il l'aide à s'asseoir sur le trône et lui dit que c'est grâce à lui qu'il a réussi à devenir roi. Il essaie ensuite de lui faire comprendre qu'il doit assassiner les jeunes princes, les héritiers légitimes. Buckingham a du mal à comprendre, et avant d'accepter, il demande à Richard la permission d'y réfléchir. Catesby voit le roi « furieux ». Richard appelle un page et lui demande s'il connaît quelqu'un capable de tout pour de l'argent ; le page répond par l'affirmative et part lui chercher la personne en question : Tyrrel. Richard prend la décision d'exclure Buckingham. Stanley arrive et lui annonce la fuite de Dorset, chez Richmond. Richard demande à Catesby de répandre la fausse rumeur selon laquelle sa femme, la reine Anne, est souffrante et sur le point de mourir, et de trouver un jeune homme pauvre pour se marier avec la fille de Clarence, afin d'en être débarrassé. Catesby sort. Richard annonce ensuite qu'il doit tuer Anne pour épouser Élisabeth, la fille de son frère Édouard, pour légitimer sa prise de pouvoir. Tyrrel arrive et Richard lui demande s'il peut tuer les deux « bâtards » de la Tour. Tyrrel accepte et sort. Buckingham revient et demande à Richard ce qu'il lui avait promis : des terres. Mais Richard est troublé par la fuite de Dorset et n'est pas d'humeur, car une ancienne prophétie annonçait le retour de Richmond, de la famille Lancastre, sur le trône… Il refuse donc la requête de Buckingham et sort. Buckingham se sent menacé et préfère fuir la Cour à son tour.

Scène III

Tyrrel, seul, annonce qu'il va accomplir sa mission et assassiner les deux jeunes princes. Pour cela, il a envoyé deux hommes se charger de cette tâche. Richard le rejoint et Tyrrel lui annonce que « c'est fait » et qu'ils ont été enterrés. Le roi lui demande de le rejoindre après son repas pour lui raconter leur mort en détail. Tyrrel sort.

Richard annonce qu'Anne est morte, que la fille de Clarence est mariée, que son fils est séquestré, que les fils d'Édouard sont morts et qu'il lui reste seulement à épouser la fille d'Édouard, que Richmond convoite également.

Ratcliff arrive et lui annonce que Morton, l'évêque Ély, a rejoint Richmond et que Buckingham se soulève avec les Gallois et monte une armée. Richard demande le rassemblement des troupes.

Scène IV

La reine Margaret apparaît, elle attend la chute de Richard, sentant les choses se gâter et elle annonce qu'elle part pour la France. La duchesse d'York et Élisabeth arrivent. Cette dernière se lamente sur la mort de ses deux fils. La duchesse pleure sur son Édouard Plantagenêt. Margaret commente les lamentations en annonçant que justice a été rendue et qu'elle a de plus grands malheurs que les leurs. C'est Richard, le fils de la duchesse, qui est l'auteur de tous leurs maux. Margaret crie vengeance et celle-ci commence à s'accomplir car ils sont punis les uns après les autres par la mort des êtres qui leur sont chers ou par leur propre mort. Margaret laisse son fardeau à Élisabeth et lui apprend à maudire à son tour ses ennemis avant de partir pour la France.

Le roi Richard, sa suite et Catesby arrivent sur ces paroles, sous les tambours et les trompettes, mais ils sont arrêtés par la duchesse et Élisabeth. Elles le maudissent, lui reprochent ses assassinats et l'insultent. Richard ordonne à la fanfare de couvrir le son de leurs voix pour que lui seul les entende. Sa mère lui jette une malédiction et lui fait la promesse de ne plus le voir jusqu'à sa mort, puis elle sort. Élisabeth approuve les paroles de la duchesse et elle reproche à Richard d'avoir tué ses neveux. Richard lui annonce qu'il aime sa fille et qu'il veut faire d'elle sa femme et la reine d'Angleterre. Il lui demande des conseils pour lui faire la cour. Élisabeth lui répond qu'il lui suffit de lui dire la vérité sur ses actes abominables et que cela suffira. Il se justifie en affirmant qu'il va rendre à sa famille la couronne en faisant de la jeune Élisabeth la reine d'Angleterre. S'ensuit une joute verbale où cette dernière énonce tous les torts de Richard, tandis que ce dernier lui fait des promesses d'avenir. Mais grâce à l'éloquence de Richard, Élisabeth finit par se laisser convaincre : elle sort en lui disant qu'elle lui écrira pour lui annoncer les intentions de sa fille...

Richard, vainqueur, méprise Élisabeth et son inconstance. Ratcliff arrive et lui annonce qu'une flotte les attend sur leurs rivages : Richmond attend l'aide de Buckingham pour débarquer. Richard envoie Catesby vers le duc de Norfolk pour lever une armée et les rejoindre ensuite à Salisbury. Stanley arrive, annonçant l'arrivée de Richmond sur leur mer pour réclamer la couronne. Richard est agité, il accuse à tort et à travers Stanley de ne pas l'aider, il devient paranoïaque. Stanley lui rétorque qu'il attend ses ordres pour agir. Richard finit par lui accorder sa confiance, en gardant le fils de Stanley, Georges, comme gage de confiance. Stanley sort tandis qu'un messager arrive. Il annonce à Richard qu'Édouard Courtney et l'évêque d'Exeter ont pris les armes. Un second messager annonce que les Guilford aussi et qu'ils sont nombreux à se rallier aux rebelles. Un troisième arrive, mais Richard ne lui laisse pas le temps de délivrer son message et le bat. Le messager finit par réussir à parler : l'armée de Buckingham est en déroute, prise par les intempéries et la montée des eaux. Richard s'excuse et lui donne de l'argent pour sa bonne nouvelle. Un quatrième messager entre et annonce que Lovell et Dorset sont dans le comté d'York, en armes, mais que la flotte de Richmond a été dispersée par une tempête et est retournée en Bretagne. Richard ordonne la marche de l'armée pour écraser les rebelles.

Catesby arrive et annonce la capture de Buckingham. Richmond a débarqué à Milford avec son armée. Ils partent tous pour Salisbury.

Scène V

Stanley et Sir Christopher Urswick entrent sur scène. Stanley dit à Christopher de faire transmettre un message à Richmond : son fils est captif de Richard, il ne peut donc pas se révolter contre le roi. De plus, la reine Élisabeth a donné son consentement pour que Richard épouse sa fille…

Acte V

Scène I

Un shérif et des hallebardiers escortent Buckingham vers son « supplice ». Celui-ci y voit la vengeance des récents défunts. C'est le jour des morts et il y reconnaît ainsi son jugement pour ses mauvaises actions.

Scène II

Richmond, Oxford, Blunt, Herbert et d'autres font leur entrée sous les drapeaux et au son des tambours. Richmond exhorte ses troupes contre l'usurpateur.

Scène III

Richard, Norfolk, Ratcliff et Surrey arrivent, en armes. Richard ordonne que l'on monte le camp ainsi que sa tente. Norfolk annonce que les traîtres sont au nombre de six ou sept mille et qu'eux sont trois fois plus. Richard est confiant. Ils sortent une fois la tente montée sur un côté de la scène.
Richmond, Brandon, Oxford, Herbert et Blunt entrent et dressent la tente de Richmond de l'autre côté de la scène. Richmond donne les directives à ses hommes. Il demande ensuite où se trouve Stanley dans l'autre camp et s'il est possible de lui parler sans mettre quiconque en danger. Blunt va tenter de répondre à cette requête et sort. Richmond demande du papier et dessine la disposition des troupes et un plan de bataille. Puis ils leur demande de venir tous dans sa tente pour « tenir conseil ».
Richard, Ratcliff, Norfolk, Catesby et des soldats apparaissent de l'autre de côté de la scène. Richard vérifie que ses

ordres ont bien été exécutés, envoie Norfolk à son poste, et demande du papier à son tour. Il dit à Catesby d'aller trouver Stanley pour qu'il ramène ses forces s'il ne veut pas qu'il arrive malheur à son fils. Il donne quelques directives, puis dit à Ratcliff de le retrouver dans sa tente au milieu de la nuit pour l'armer. Richard se retire dans sa tente pendant que les autres sortent accomplir leur mission respective.

Stanley apparaît, il rejoint Richmond devant sa tente. Ce dernier lui demande des nouvelles de sa mère, la femme de Stanley. Celui-ci lui décrit la situation délicate dans laquelle il se trouve à cause de la captivité de Georges. Il ne veut pas se battre contre lui, mais il est obligé d'apparaître aux côtés de Richard. Stanley part ensuite rejoindre son campement. Richmond reste seul, dit une prière pour obtenir la victoire le lendemain, puis se retire dans sa tente.

Richard et Richmond dorment dans leur tente. Apparaît alors le spectre d'Édouard, qui vient hanter le sommeil de Richard par de funestes paroles et prodiguer force et courage à Richmond avant de s'éclipser. Le spectre d'Henri VI apparaît à son tour, lance une malédiction à l'encontre de Richard et une bénédiction pour Richmond avant de disparaître. Il est suivi par les spectres de Clarence, de Rivers, de Grey, de Vaughan, de Hastings, des deux jeunes princes, de lady Anne et de Buckingham. Chacun leur tour, ils maudissent Richard et bénissent Richmond.

Richard se réveille en sursaut et s'exhorte à garder son calme face à ses cauchemars ; sa conscience d'assassin, de comploteur et de menteur le taraude. Ratcliff arrive pour l'armer. Richard lui dit qu'il a peur à cause d'un mauvais rêve. Ratcliff le calme et ils sortent tous deux inspecter les tentes en quête de quelques traîtres.

Les seigneurs de la maison Lancastre, quant à eux, se dirigent vers Richmond, qui leur parle de ses fastes rêves. Il sort de sa tente et fait un discours aux soldats, les exhorte, dénigrant l'usurpateur et ses mauvaises actions. Puis ils sortent.

Le roi Richard, Ratcliff et des soldats apparaissent. Richard est encore agité par son funeste rêve mais garde en tête les paroles positives de Northumberland et de Surrey, selon lesquels Richmond n'est pas un soldat. Richard prend les armes et décide de conduire lui-même ses soldats sur le champ de bataille. Il leur fait un discours, en leur rappelant qu'ils combattent les rebelles et les traîtres. Alors que le combat s'apprête à commencer au son des tambours, un messager arrive et annonce que Stanley refuse de se battre. Richard ordonne alors qu'on coupe la tête de Georges. Mais Norfolk lui annonce que l'ennemi est déjà en marche et qu'il faut attaquer sans tarder. Richard lance l'assaut.

Scène IV

Norfolk, des soldats et Catesby arrivent. Ce dernier demande du secours pour le roi qui se trouve en mauvaise posture. Il a perdu son cheval et il combat à pied dans la mêlée. Norfolk et les soldats sortent. Richard entre et demande un cheval. Catesby lui demande de fuir mais Richard s'obstine à combattre et à demander un cheval…

Scène V

Richard et Richmond combattent. Richmond tue Richard. Les troupes du roi sonnent la retraite. Stanley porte la couronne et des seigneurs anglais le suivent. Richmond se félicite de la victoire. Stanley lui tend la couronne et lui dit que son fils Georges est sain et sauf mais que Norfolk, Ferrers, Brankenbury et Brandon ont péri. Richmond ordonne qu'on les enterre tous dignement et il annonce qu'il va épouser

Élisabeth, dernière héritière légitime de la famille York, pour unir les deux familles. Ils sortent tous. Fin.

LES RAISONS
DU SUCCÈS

Contexte historique

William Shakespeare produit ses premières pièces de théâtre sous l'ère élisabéthaine, période pendant laquelle régna la reine Élisabeth Ière, de 1558 à 1603. L'ère élisabéthaine est réputée pour être un âge d'or de la culture et de l'art, notamment de la littérature.

Cet âge d'or s'épanouit pendant une période de paix, entre la réforme anglaise et protestante, qui la précède, opposant les protestants et les catholiques dans des luttes sanglantes, et la période de puritanisme et de troubles, de nouveaux religieux, qui la suivra.

En 1509, Henri VIII arrive au pouvoir, âgé de 17 ans à peine. Il se marie avec Catherine d'Aragon, avec qui il aura une fille, Marie Tudor. Henri VIII et Catherine sont des fervents catholiques, jusqu'à l'arrivée d'Anne Boleyn à la Cour. Henri VIII en tombe éperdument amoureux et va alors tenter par tous les moyens de faire annuler son mariage avec Catherine d'Aragon, n'hésitant pas à créer un schisme religieux qui conduira à la dissension et à la violence, jusqu'à la guerre civile. Il se détourne de l'Église de Rome et du Pape pour fonder sa propre Église protestante afin d'obtenir son annulation. Il arrive à ses fins en 1527 ; il se sépare de Catherine, épouse Anne Boleyn qui va donner naissance quelques mois plus tard à Élisabeth, et il renie sa fille Marie en la rendant légalement illégitime. Par la suite, le roi va faire persécuter les prêtres, voire les faire exécuter et nomme Cromwell chancelier. Ce dernier va piller les monastères d'Angleterre, expropriant les prêtres et mettant leurs biens entre les mains de l'État. En 1536, le roi se lasse d'Anne Boleyn et la fait décapiter (ce fait historique fait écho à la mort de la reine Anne, tuée par Richard III dans la pièce homonyme de Shakespeare…).

Dans le même temps il rend Élisabeth illégitime également. Quelques semaines après, il épouse Jeanne Seymour, qui lui donnera un fils, Édouard, l'héritier du trône, en 1537 avant de succomber à son accouchement. Henri VIII aura encore trois autres femmes, Anne de Clèves (il fait annuler le mariage pour non-consommation), Catherine Howard (il la décapite pour adultère) et Catherine Parr. Cette dernière va le réconcilier avec ses filles ; sans les reconnaître légitimes, il les rétablit dans la succession au trône, après Édouard (Marie en deuxième position, puis Élisabeth). Il meurt en 1547.

Édouard, qui n'a que 10 ans, lui succède. Un conseil de régence dominé par les protestants gouverne en attendant sa majorité. Probablement atteint de tuberculose, Édouard succombe à la maladie à l'âge de 15 ans, en 1553. Fervent protestant, il est inquiet de voir Marie, sa demi-sœur, hériter de la couronne. En effet, cette dernière est restée catholique comme sa mère. Mais il ne veut pas non plus d'Élisabeth. Avant de mourir, il laisse un testament dans lequel il lègue la couronne à sa cousine Jeanne Grey, la fille de la sœur cadette d'Henri VIII. Celle-ci est couronnée le 10 juillet 1553. Mais Marie et Élisabeth se lient pour reprendre leur héritage ; Marie fait décapiter Jeanne Grey le 19 juillet 1553 et se fait couronner reine.

Marie Ière est la première véritable reine régnante d'Angleterre. Catholique, elle décide de réunifier l'Angleterre et Rome et d'instaurer de nouveau le catholicisme comme religion dans son royaume. Ne voulant pas que le trône revienne après elle à sa demi-sœur Élisabeth, qui est protestante, elle décide de se marier à Philippe II d'Espagne, fils de Charles Quint, pour assurer sa descendance. Malheureusement, elle n'aura jamais d'enfants. Elle lutte sans pitié contre les protestants à partir de 1555. Elle remet en vigueur les lois médiévales de l'hérésie pour les persécuter et les exécuter ; elle les fait brûler sur le bûcher pour hérésie lors de la période nommée « les persécutions de Marie ». Reine sanguinaire envers les protestants, son peuple la surnomme « Marie la Sanglante ». En mars 1554, elle fait emprisonner Élisabeth, craignant un complot protestant. En mai de la même année elle la fait emmener au palais de Woodstock où elle sera surveillée en permanence. Elle meurt en 1558 ; quelques jours avant sa mort, elle fait d'Élisabeth son héritière légitime.

Élisabeth Ière, une fois reine, rétablit le protestantisme par l'acte de « Suprématie » et devient « Gouverneur suprême de l'Église d'Angleterre ». Élisabeth est tolérante et n'autorise aucune persécution religieuse. Les catholiques sont libres autant que les protestants, bien que le protestantisme soit la religion officielle. La paix est enfin rétablie au sein du peuple anglais, ce qui permet l'épanouissement du théâtre anglais et la création du théâtre élisabéthain. La reine Élisabeth Ière était réputée pour être l'une des femmes les plus cultivées de sa génération, sachant lire et écrire l'anglais, le latin et l'italien, un peu le français et le grec, elle parlait couramment l'anglais, le français, l'italien, l'espagnol, le flamand, le gallois, le cornique, le scots et l'irlandais. Elle a ainsi favorisé la création de troupes de théâtre, de salles de théâtre et protégeait également des acteurs.

Le royaume se stabilise après les périodes sanglantes des règnes de son père, de son frère et de sa sœur. L'Église d'Angleterre va participer à la création de l'identité nationale anglaise. Cette tolérance et cette paix vont cependant donner naissance au puritanisme (ceux qui pensent que la réforme protestante de l'Église n'a été que partielle). Et en 1570, la reine est excommuniée par le pape Pie V, ce qui va entraîner une nouvelle vague de persécution des prêtres (de 1577 à 1680). En 1585, une guerre contre l'Espagne éclate, l'Armada espagnole tente d'envahir l'Angleterre en 1588, mais Élisabeth réussit à les repousser, ce qui lui vaudra la gloire et la reconnaissance de ses sujets.

Élisabeth fait le choix de ne jamais se marier, n'ayant pas de descendance, la lignée des Tudor s'éteint avec elle en 1603. Elle sera d'ailleurs surnommée la « Reine vierge ».

Jacques VI d'Écosse, le fils de Marie Stuart Ière d'Écosse, lui succède (il est l'un des descendants d'Henri VII par Marguerite Tudor, la sœur aînée d'Henri VIII). Lorsqu'il devient roi d'Angleterre, unifiant ainsi les royaumes d'Écosse et d'Angleterre, il prend le titre de Jacques Ier. Il poursuit la politique d'Élisabeth et l'âge d'or culturel continue également sous l'ère jacobéenne (le théâtre élisabéthain est toujours d'actualité bien qu'il soit parfois appelé théâtre jacobéen). Il souhaite former un royaume unique entre l'Écosse et l'Angleterre, et malgré l'opposition du parlement, il prend le titre de « roi de Grande-Bretagne ». Il met fin à la guerre contre l'Espagne en 1604, bien que les Espagnols demandent la liberté de culte pour les catholiques d'Angleterre et que Jacques continue à chasser les prêtres et les jésuites hors du royaume. Le roi est en conflit perpétuel avec le Parlement, qu'il va finir par renvoyer en 1610 et il s'en passera jusqu'en 1621, lorsque débute la guerre de Trente ans.

Mouvement littéraire : le théâtre élisabéthain

William Shakespeare est sans conteste l'auteur principal de cette période de production théâtrale foisonnante qu'est la période du théâtre élisabéthain, allant de 1562 à 1642, lorsque le Parlement, influencé certainement par le puritanisme, décide d'interdire les représentations théâtrales. Sont considérées comme des pièces de théâtre élisabéthaines, les pièces de théâtre qui sont écrites et jouées en Angleterre. Son nom lui vient de la reine Élisabeth Ière. En effet, le régime politique d'Élisabeth forme et protège les compagnies d'acteurs. Des salles de théâtre permanentes sont construites autour de Londres (au début du XVIe siècle, les comédiens montent des scènes sur des tréteaux dans des lieux divers, comme des cours, des granges, des squares ou des arènes destinées au combat d'animaux, pour se produire) et le théâtre s'adresse désormais autant à l'aristocratie qu'au peuple. Le premier théâtre élisabéthain est The Theatre, construit en 1576 pour la compagnie de James Bubage, la troupe de Lord Chamberlain, que Shakespeare intègre en 1594. James Bubage est l'un des acteurs protégés de la reine.

Le théâtre élisabéthain a produit quelque mille cinq cents pièces, dont la moitié a été perdue. En effet, à cette époque, il n'était pas courant de faire publier les pièces de théâtre, ni d'ailleurs d'en conserver des traces manuscrites, les pièces étant faites pour être jouées plutôt que lues. Shakespeare d'ailleurs, ne fera éditer aucune de ses pièces.

Il n'est cependant pas le seul auteur de théâtre élisabéthain, et de loin. Il a de nombreux contemporains et successeurs, comme Ben Jonson, auteur très cultivé qui fréquente Shakespeare, l'appelant notamment « Gentle Will » et se faisant parfois son interprète (sa pièce la plus célèbre est *Volpone*), ou encore Christopher Marlowe. Sous l'ère jacobéenne, l'auteur Middleton, avec *The Changeling*, est sans doute le plus connu.

Le succès rencontré

William Shakespeare est sans conteste le dramaturge le plus joué dans le monde. Il est aujourd'hui le troisième auteur le plus traduit dans le monde, après Agatha Christie et Jules Verne, d'après l'*Index translationum*. Son œuvre a également donné naissance à de nombreux commentaires. Les œuvres écrites par Shakespeare sont riches et nombreuses, mais outre quelques problèmes de datation pour certaines d'entre elles, il est arrivé que certains intellectuels doutent de l'existence du poète et dramaturge ou encore de la paternité de certaines de ses œuvres. De nombreuses querelles ont ainsi vu le jour sur ces questionnements. Mais aujourd'hui, l'existence de Shakespeare et la paternité de ses œuvres sont historiquement établies.

Son succès est certainement dû au côté « inépuisable et prolixe » de son œuvre, qui regroupe tous les registres avec habilité et qui fait de lui le « génial observateur de la nature humaine ». De plus, il est le premier auteur de théâtre à pouvoir vivre largement de son métier, acquérant une certaine aisance financière par l'écriture, qui lui permet, en effet, de prendre sa retraite avant 50 ans. On compare d'ailleurs souvent ses conditions de travail à celles de Molière.

De plus, nous savons aujourd'hui que Louis XIV possédait un exemplaire des œuvres complètes de Shakespeare, ce qui montre que ce dernier était déjà connu outre-Manche et cela malgré l'hégémonie du grand théâtre classique français et de la Commedia dell'arte en France. En effet, aucune œuvre shakespearienne n'est autorisée à être jouée sur les scènes françaises, car elles ne répondent pas aux critères de la bienséance de l'époque, ni à l'unité de temps et de lieu alors établie avec le théâtre classique.

Diderot découvre Shakespeare durant son exil à Londres en 1726-1729 et « il est stupéfié » par son génie. De retour en France, il le fait connaître comme un auteur qui « court sans guide, sans art, sans règle ; [qui] s'égare dans sa carrière, mais laisse derrière lui tout ce qui n'est que raison et qu'exactitude ».

Les premières traductions françaises sont faites vers 1776 et 1783, c'est d'ailleurs durant cette période également (1769-1792) que la Comédie française adapte cinq tragédies shakespeariennes, mais dans un théâtre de moindre importance, pour ne pas avoir de trop sérieuses répercussions quant à la bienséance. La pièce *Richard III* est notamment jouée. C'est à ce moment-là que Stendhal découvre Shakespeare, étant présent lors de l'une de ces représentations. Il écrit en 1824 *Racine et Shakspeare* [sic] dans lequel il exprime toute l'admiration qu'il voue à ce dernier. En 1827, c'est au tour de Victor Hugo, dans sa préface de *Cromwell* ; il y affirme la force du répertoire élisabéthain. Cet engouement d'Hugo va d'ailleurs entraîner tout le mouvement romantique à se saisir de ce répertoire « comme d'un étendard », pour revendiquer différentes idées : la liberté de l'écriture et l'affranchissement vis-à-vis des règles classiques qu'il déteste.

William Shakespeare a aussi inspiré Honoré de Balzac, dont l'écriture du *Père Goriot* aurait été largement inspirée du *Roi Lear*, et celle de *La Cousine Bette* par *Othello*.

La pièce *Richard III* connaît un grand succès en France et elle est rejouée en 1827-1828. Puis au XXe et au XXIe siècle, en Angleterre comme en France, cette pièce est reprise par différents metteurs en scène qui tentent alors de se démarquer les uns des autres par leur originalité, notamment dans les décors, s'éloignant ainsi des reconstitutions historiques mais donnant un souffle nouveau et moderne à la pièce, qui n'a pas fini d'être jouée ni d'être lue.

LES THÈMES
PRINCIPAUX

Différents thèmes apparaissent dans *Richard III*, notamment celui du *villain* (le traître, le personnage mauvais dans la tragédie), typique de la tradition théâtrale anglaise et élisabéthaine. Le personnage de Richard III est ainsi l'incarnation du vice et du mal, de la monstruosité tant physique que morale : « Moi, qui suis tronqué de nobles proportions, / Floué d'attraits par la trompeuse Nature, / Difforme, inachevé, dépêché avant terme / Dans ce monde haletant à peine à moitié fait… / Si boiteux et si laid / Que les chiens aboient quand je les croise en claudiquant… » (acte I, scène I). Richard représente ici le mal absolu et incarne les forces mauvaises. En effet, dans ses monologues : « Il [Clarence] ne peut pas vivre, j'espère, et ne doit pas mourir / Avant que Georges ne soit expédié au Ciel en train / de poste. » (acte I, scène I), ses apartés : « Si jeune et si sage, dit-on, ne vit jamais longtemps » (acte III, scène I, en parlant du jeune prince héritier), son sarcasme et son ton « sardonique » nous disent clairement ses intentions et nous font comprendre tout aussi clairement ses stratagèmes sournois. Il est, de plus, habile dans le maniement du langage, notamment le langage amoureux lorsqu'il tente de convaincre Lady Anne de l'épouser alors qu'elle pleure son époux sur sa tombe, que Richard vient tout juste d'assassiner. Grâce à ce que l'on pourrait appeler dès lors de la rhétorique pétrarquiste, par son langage amoureux, Richard arrive à la convaincre et à la persuader d'accepter : « Anne : Scélérat, tu ne connais ni loi divine ni loi humaine. Il n'est pas de bête si féroce qu'elle ne connaisse quelque pitié. Richard : Mais je n'en connais aucune, et donc ne suis pas une bête. Anne : Ô prodige, quand les démons disent la vérité ! […] Richard : La cause de la mort prématurée / d'Henry et d'Édouard Plantagenêt / N'est-elle pas aussi blâmable que le meurtrier ? Anne : C'est toi qui en fus la cause et l'exécutant exécré. Richard : C'est votre beauté qui fut la cause de cet effet […]. » (acte I, scène II). On voit là toute l'intelligence et surtout la dextérité du personnage à arriver à ses fins, ce qui en fait un danger immense pour tous ceux qui l'entourent et qui se trouvent manipulés par lui.

Le personnage de Richard III est ainsi ambigu, car il force aussi l'admiration en plus de la haine et du dégoût qu'il peut inspirer. En effet, il ne faut pas oublier que presque toutes les victimes de Richard III sont des personnes qui ont elles aussi commis de nombreux méfaits, des assassinats, des complots, des trahisons. On pourrait donc presque penser que Richard III rend service en les tuant, puisqu'il purge ainsi la terre de ces mauvaises âmes, reprenant le thème de la vengeance et de la malédiction. Ceux qui ont tué sont maudits par les victimes qui leur présagent des morts précoces ou atroces, malédiction que Richard III vient en quelque sorte accomplir, se faisant ainsi le vengeur des victimes. Mais en les vengeant ainsi, d'autres victimes sont créées, qui veulent à leur tour se venger et maudire. La vengeance appelant la vengeance, le cercle n'en finit plus : « Ton Édouard est mort, qui a tué mon Édouard ; / Ton autre Édouard est mort pour acquitter mon Édouard ; / Le jeune d'York n'est qu'un appoint car à eux deux / Ils n'égalaient pas l'être parfait que j'ai perdu. » (acte IV, scène IV). Cependant, le meurtre des deux jeunes princes héritiers, innocents et sans défense, nous ramène à la noirceur de Richard III et à celle de son ambition démesurée. L'admiration vient aussi du fait que Richard montre beaucoup de courage sur le champ de bataille de Bosworth, lorsqu'il est encerclé par ses ennemis et par Richmond. Il refuse de fuir et demande même un cheval pour continuer l'assaut qui semble dès lors perdu et qui va l'entraîner à une mort certaine : « Esclave ! J'ai joué ma vie sur un coup de dé / Et je veux en courir la chance / […] Un cheval ! Un cheval ! Mon royaume pour un cheval ! » (acte V, scène IV).

On retrouve également cette ambiguïté lorsque Richard est pris de remords juste avant la bataille. Il revoit en songe les spectres de tous ceux qu'il a assassinés ou fait assassiner. Les remords de sa vie passée le rongent et il se retrouve au désespoir car il sait pertinemment qu'il ne pourra avoir aucune rédemption : « Aie pitié, Jésus !… Du calme, ce n'était qu'un rêve. / Ô lâche conscience, comme tu me tortures ! / […] De quoi ai-je peur ? De moi-même ? Il n'y a personne d'autre ici. » (acte V, scène III). Cela le terrorise et cette terreur nous le fait prendre en pitié.

Grâce à cette ambiguïté et cette complexité du personnage de Richard III, la forte catharsis de la pièce agit sur le lecteur et le spectateur car elle présente en réalité une profonde réflexion sur l'existence du mal dans le monde et sur la nature du pouvoir et de l'ambition, qui sont souvent entourés de noirceur et d'actes mauvais. Mais la fin de la pièce, l'apparition des spectres et les débats intérieurs de Richard en prise avec ses remords insiste également sur la notion de providence, qui vient faire barrière au mal. On retrouve ainsi les thèmes de l'ambition politique et de l'aspiration au pouvoir, qui se heurtent au thème de la métaphysique : Richard III est un homme qui se retrouve sans loi, comme une bête fauve assoiffée de pouvoir et que rien ni personne ne peut arrêter dans sa conquête.

En plus d'aborder le thème de l'histoire, puisque la pièce de *Richard III* est un drame historique, reprenant les luttes fratricides entres deux familles rivales : la guerre des Deux Roses, Shakespeare nous livre également un *exemplum* à suivre : on y lit en effet une moralité implacable selon laquelle le mal ne peut être que vaincu, repoussé, éradiqué de la surface de la terre, et ne peut en aucun cas triompher. Ainsi, Richard III devient l'exemple à ne surtout pas suivre pour les futurs rois ou les futures reines d'Angleterre. Cela devient également une réflexion sur les hommes qui ont une « face divine » et une « face diabolique », sur les morts également, qui sont aptes à guider les vivants par-delà la tombe : la mémoire des anciens pour guider les vivants.

ÉTUDE DU MOUVEMENT LITTÉRAIRE

À l'époque de Shakespeare, le théâtre britannique est en pleine évolution et le théâtre élisabéthain voit le jour à partir de 1562. Ce dernier trouve son origine dans le Moyen Âge et dans la représentation médiévale des Mystères, qui était alors un théâtre religieux, mettant en scène les vies de saints ou de Jésus, des sujets religieux ou des épisodes bibliques dont les représentations se font dans les églises.

Ce théâtre des Mystères a peu à peu donné naissance et laissé la place au théâtre des Moralités, qui était alors joué non plus seulement dans les églises, mais aussi dans les salles de châteaux, les universités et les palais épiscopaux. Ce genre des Moralités a un fort aspect didactique et allégorique. Il met en effet en scène de nombreux personnages allégoriques, les figures des vices et des vertus du genre humain essentiellement, montrant aussi la dualité entre le Bien et le Mal, mais aussi les défauts de la société. Les Moralités englobent aussi bien le théâtre religieux que profane, puisqu'en plus de scènes religieuses, les pièces ont aussi des tons satiriques, voire politiques. L'une des pièces les plus représentatives de ce genre et la plus ancienne que nous ayons conservée de nos jours, est *The Pride of Life*.

Aux côtés des Moralités, apparaît aussi le genre de la dramaturgie romaine, très en vogue durant l'enfance de William Shakespeare. Ces pièces-là étaient le plus jouées en latin et donnaient une grande place aux discours, donnant à ce théâtre un aspect académique. C'est ce qui va donner naissance au genre théâtral des Interludes, genre qui apparaît à la fin du XVe siècle et qui est un intermédiaire entre les Moralités et le théâtre élisabéthain. Ce sont des comédies en un acte, comprenant peu de personnages mais de nombreux discours.

Les drames universitaires s'inspirent également de ces genres ; ce sont des comédies d'inspiration historique d'après un modèle antique (notamment Térence et Sénèque), en cinq actes et respectant les unités de temps et d'action (comme le classicisme français). La pièce la plus connue de ce genre universitaire est *Gorboduc*, de Thomas Norton et de Thomas Sackville.

De son côté, la Renaissance commence à révolutionner la dramaturgie, notamment avec des auteurs tels que Thomas Kyd et Christopher Marlowe (Faust). Leurs pièces de théâtre sont un mélange entre moralité et académisme, mêlant poésie, philosophie et drame mais aussi vulgarisant la moralité par la paillardise et faisant disparaître peu à peu le côté allégorique que l'on trouvait dans les moralités.

C'est de ce joyeux mélange de genres que naît le théâtre élisabéthain et dont s'est inspiré Shakespeare. L'apparition des salles de théâtre, d'abord à ciel ouvert puis avec un toit, circulaire (la forme circulaire proviendrait du fait que les troupes pouvaient parfois jouer dans les arènes des combats d'animaux ; le nom de l'un des premiers théâtres, le Théâtre du Cockpit [les combats de coqs], viendrait confirmer cette hypothèse), la liberté de la violence sur scène, du nombre de morts (notamment chez Shakespeare), l'apparition de spectres, etc., déplaît fortement aux Puritains, qui voient d'un mauvais œil ce théâtre élisabéthain. Déjà, en 1530, le théâtre puritain faisait son apparition en Angleterre, représentant des drames bibliques protestants. Les Puritains décident donc d'attaquer le théâtre élisabéthain par de nombreuses publications de pamphlets et de livres reprenant leurs idées : le théâtre attire les homosexuels car les rôles féminins sont joués par des hommes travestis en femmes ; mais il n'est pas question que des femmes montent sur scène, car c'est un lieu de dépravation et les femmes seraient alors adultères ; les salles de théâtre se trouvent à proximité des lieux de prostitution, certains propriétaires de théâtres étant également des propriétaires de bordel ; assister à une représentation est une forme de communication avec le Diable, *etc.*

À force de critiques, les Puritains ont fini par avoir du poids et une certaine emprise sur le Parlement anglais, qui décide, dans les années 1640, de fermer les théâtres et d'interdire les représentations théâtrales. L'excuse de départ était la guerre civile et les morts engendrées à cause des tensions avec l'Irlande, sous Jacques Ier, en 1642. Mais il est probable que l'idéologie puritaine soit derrière cette décision. En effet, de nombreuses fermetures des théâtres se sont déjà produites dans les années passées, mais seulement lorsque la peste frappait Londres et que le nombre de morts s'élevait à plus de 40 individus. Il n'y a pas de peste, et la guerre civile ne dure pas vingt ans et ne peut donc pas expliquer cette mesure draconienne prise par le Parlement. De plus, le Théâtre du Globe, dans lequel jouait Shakespeare, est rasé en 1644 et les autres théâtres sont saccagés ou démolis. Les acteurs sont interdits de représentation sous peine d'emprisonnement ; c'est un dur moment pour la profession des dramaturges et des acteurs.

En 1660, sous Charles Ier, le fils du roi Jacques Ier, qui restaure la royauté anglaise, la réouverture des théâtres est autorisée. Mais il n'y a plus ni théâtre, ni acteurs. Le théâtre de la restauration est né et met en branle la construction de salles de théâtre, la formation d'acteurs mais aussi d'actrices, qui sont alors autorisées à se produire sur scène, la formation de troupes de théâtre, l'écriture de pièces de théâtre et la création de décors amovibles. Restauration et innovation pour le successeur du théâtre élisabéthain.

DANS LA MÊME COLLECTION
(par ordre alphabétique)

- **Anonyme**, *La Farce de Maître Pathelin*
- **Anouilh**, *Antigone*
- **Aragon**, *Aurélien*
- **Aragon**, *Le Paysan de Paris*
- **Austen**, *Raison et Sentiments*
- **Balzac**, *Illusions perdues*
- **Balzac**, *La Femme de trente ans*
- **Balzac**, *Le Colonel Chabert*
- **Balzac**, *Le Lys dans la vallée*
- **Balzac**, *Le Père Goriot*
- **Barbey d'Aurevilly**, *L'Ensorcelée*
- **Barbey d'Aurevilly**, *Les Diaboliques*
- **Bataille**, *Ma mère*
- **Baudelaire**, *Les Fleurs du Mal*
- **Baudelaire**, *Petits poèmes en prose*
- **Beaumarchais**, *Le Barbier de Séville*
- **Beaumarchais**, *Le Mariage de Figaro*
- **Beauvoir**, *Mémoires d'une jeune fille rangée*
- **Beckett**, *Fin de partie*
- **Brecht**, *La Noce*
- **Brecht**, *La Résistible ascension d'Arturo Ui*
- **Brecht**, *Mère Courage et ses enfants*
- **Breton**, *Nadja*
- **Brontë**, *Jane Eyre*
- **Camus**, *L'Étranger*
- **Carroll**, *Alice au pays des merveilles*
- **Céline**, *Mort à crédit*
- **Céline**, *Voyage au bout de la nuit*

- **Chateaubriand**, *Atala*
- **Chateaubriand**, *René*
- **Chrétien de Troyes**, *Perceval*
- **Cocteau**, *Les Enfants terribles*
- **Colette**, *Le Blé en herbe*
- **Corneille**, *Le Cid*
- **Crébillon fils**, *Les Égarements du cœur et de l'esprit*
- **Defoe**, *Robinson Crusoé*
- **Dickens**, *Oliver Twist*
- **Du Bellay**, *Les Regrets*
- **Dumas**, *Henri III et sa cour*
- **Duras**, *L'Amant*
- **Duras**, *La Pluie d'été*
- **Duras**, *Un barrage contre le Pacifique*
- **Flaubert**, *Bouvard et Pécuchet*
- **Flaubert**, *L'Éducation sentimentale*
- **Flaubert**, *Madame Bovary*
- **Flaubert**, *Salammbô*
- **Gary**, *La Vie devant soi*
- **Giraudoux**, *Électre*
- **Giraudoux**, *La Guerre de Troie n'aura pas lieu*
- **Gogol**, *Le Mariage*
- **Homère**, *L'Odyssée*
- **Hugo**, *Hernani*
- **Hugo**, *Les Misérables*
- **Hugo**, *Notre-Dame de Paris*
- **Huxley**, *Le Meilleur des mondes*
- **Jaccottet**, *À la lumière d'hiver*
- **James**, *Une vie à Londres*
- **Jarry**, *Ubu roi*
- **Kafka**, *La Métamorphose*
- **Kerouac**, *Sur la route*
- **Kessel**, *Le Lion*

- **La Fayette**, *La Princesse de Clèves*
- **Le Clézio**, *Mondo et autres histoires*
- **Levi**, *Si c'est un homme*
- **London**, *Croc-Blanc*
- **London**, *L'Appel de la forêt*
- **Maupassant**, *Boule de suif*
- **Maupassant**, *La Maison Tellier*
- **Maupassant**, *Le Horla*
- **Maupassant**, *Une vie*
- **Molière**, *Amphitryon*
- **Molière**, *Dom Juan*
- **Molière**, *L'Avare*
- **Molière**, *Le Malade imaginaire*
- **Molière**, *Le Tartuffe*
- **Molière**, *Les Fourberies de Scapin*
- **Musset**, *Les Caprices de Marianne*
- **Musset**, *Lorenzaccio*
- **Musset**, *On ne badine pas avec l'amour*
- **Perec**, *La Disparition*
- **Perec**, *Les Choses*
- **Perrault**, *Contes*
- **Prévert**, *Paroles*
- **Prévost**, *Manon Lescaut*
- **Proust**, *À l'ombre des jeunes filles en fleurs*
- **Proust**, *Albertine disparue*
- **Proust**, *Du côté de chez Swann*
- **Proust**, *Le Côté de Guermantes*
- **Proust**, *Le Temps retrouvé*
- **Proust**, *Sodome et Gomorrhe*
- **Proust**, *Un amour de Swann*
- **Queneau**, *Exercices de style*
- **Quignard**, *Tous les matins du monde*
- **Rabelais**, *Gargantua*

- **Rabelais**, *Pantagruel*
- **Racine**, *Andromaque*
- **Racine**, *Bérénice*
- **Racine**, *Britannicus*
- **Racine**, *Phèdre*
- **Renard**, *Poil de carotte*
- **Rimbaud**, *Une saison en enfer*
- **Sagan**, *Bonjour tristesse*
- **Saint-Exupéry**, *Le Petit Prince*
- **Sand**, *Indiana*
- **Sarraute**, *Enfance*
- **Sarraute**, *Tropismes*
- **Sartre**, *Huis clos*
- **Sartre**, *La Nausée*
- **Senghor**, *La Belle histoire de Leuk-le-lièvre*
- **Shakespeare**, *Hamlet*
- **Shakespeare**, *Macbeth*
- **Shakespeare**, *Othello*
- **Shakespeare**, *Roméo et Juliette*
- **Steinbeck**, *Les Raisins de la colère*
- **Stendhal**, *La Chartreuse de Parme*
- **Stendhal**, *Le Rouge et le Noir*
- **Verlaine**, *Romances sans paroles*
- **Verne**, *Une ville flottante*
- **Verne**, *Voyage au centre de la Terre*
- **Vian**, *J'irai cracher sur vos tombes*
- **Vian**, *L'Arrache-cœur*
- **Vian**, *L'Écume des jours*
- **Voltaire**, *Candide*
- **Voltaire**, *Micromégas*
- **Zola**, *Au Bonheur des Dames*
- **Zola**, *Germinal*
- **Zola**, *L'Assommoir*